SuperStars

Warum brechen Vulkane aus?

Julienne Laidlaw

Inhalt

Wörter, die **fett** gedruckt sind, werden auf Seite 23 erklärt.

Der Begriff „Vulkan“ ist eine Anlehnung an den römischen Gott des Feuers: Vulkan.

Ein Vulkan ist im Grunde eine Öffnung in der Erdoberfläche. Es gibt Vulkane an Land und im Meer. Man kennt etwa 1500 **aktive** Vulkane auf der Welt. Andere sind **inaktiv** oder **erloschen**. Bei einem Vulkanausbruch werden Steine, Asche und Gase aus dem Erdinneren geschleudert.

Wie sind Vulkane aufgebaut und warum brechen sie aus?

Im Inneren der Erde

Die Erde besteht aus mehreren Schichten. Die Erdkruste ist die äußerste Schicht. Es gibt die **kontinentale** Kruste auf dem Land und die ozeanische Kruste am Meeresboden, die viel dünner ist.

Die Erdkruste besteht hauptsächlich aus zwei Vulkangesteinen: Granit und Basalt. Am dünnsten ist sie am Meeresboden. Dort ist sie gerade mal 6,5 km dick.

Kontinentale Kruste

Ozeanische Kruste

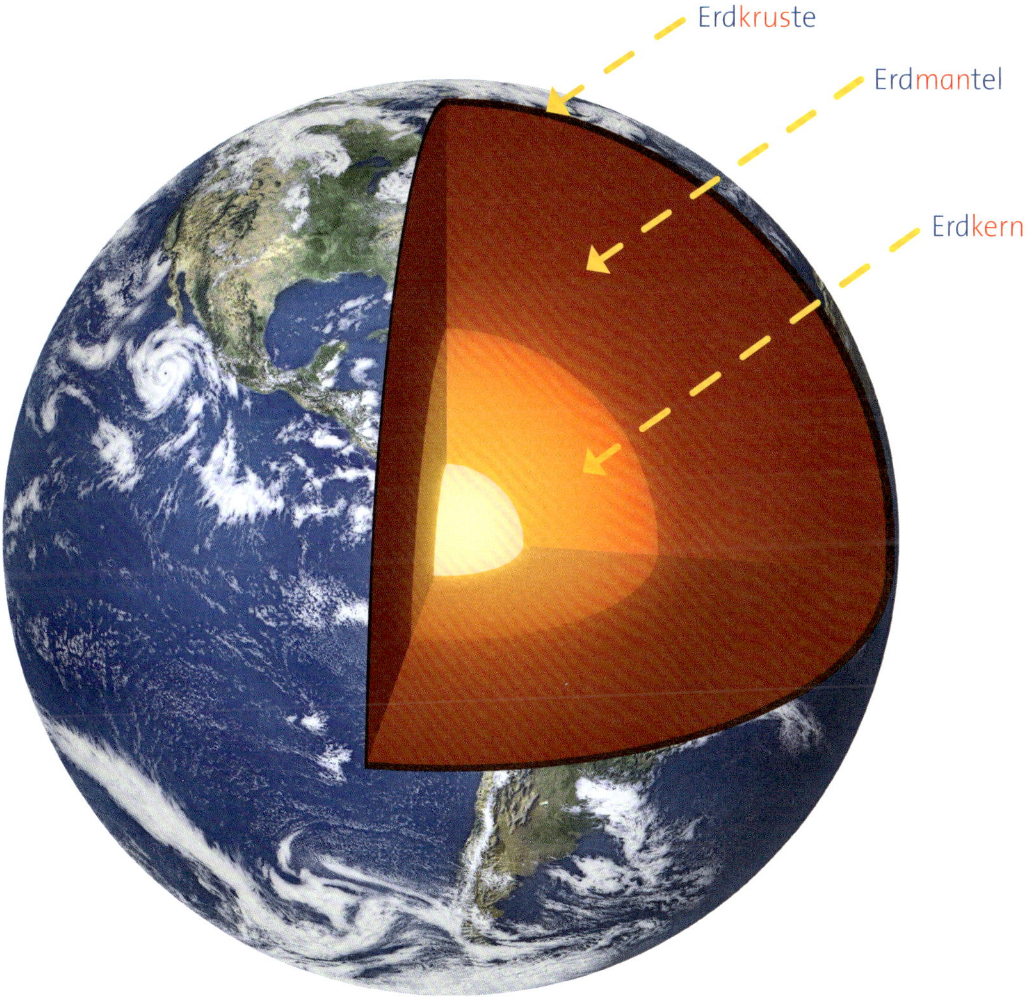

Erdkruste
Erdmantel
Erdkern

Unter der Erdkruste befindet sich der **Erdmantel**. Er ist etwa 2 900 km dick. Der weiter oben gelegene Teil des Mantels ist fest, der tiefergelegene Teil besteht aus heißem, flüssigem Gestein. Unter dem Mantel liegt der feste **Erdkern**. Der äußere Kern ist 2 250 km dick, der innere Kern hat einen Radius von etwa 1250 km.

Wie entsteht ein Vulkan?

Die Erdkruste besteht aus einzelnen Gesteinsplatten, den **tektonischen Platten**. Weil sich das flüssige Gestein im Erdmantel unter ihnen ständig bewegt, befinden sich auch die Platten in ständiger, langsamer Bewegung.

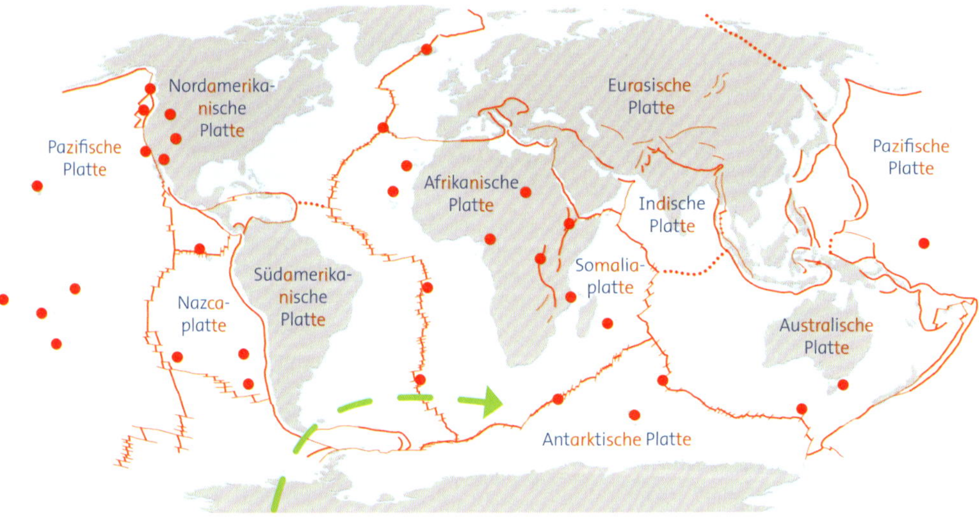

Die Erdoberfläche besteht aus vielen tektonischen Platten – ähnlich den Teilen eines Puzzles. Einige Vulkane sind über „Hotspots“ entstanden. Das sind kleine Gebiete unter der Oberfläche, in denen es extrem heiß ist.

Auf Java gibt es viele aktive Vulkane. Fast die ganze Insel wurde von **Muren**, Ascheablagerungen und von erkalteten Lavaströmen gestaltet.

An den Stellen, an denen die Platten auseinanderdriften und die Erdoberfläche dünn ist, bilden sich Risse und **Ausbruchskanäle** – oder Vulkane entstehen. Vulkane können aber auch entstehen, wenn die Platten zusammenstoßen. Die riesige Kraft beim Zusammenstoß setzt Energie frei, die die Erdkruste schmelzen und reißen lässt.

Vulkane können sich ebenso über Hotspots bilden. Das sind extrem heiße Gebiete im Erdmantel.

Warum bricht ein Vulkan aus?

Das Gestein schmilzt, wenn es im Erdinneren heiß genug wird. Dadurch entsteht eine glühende, dickflüssige **Substanz**, die **Magma** genannt wird. Sie besteht aus flüssigem Gestein, Wasser und Gasen. Während sich das Magma aufheizt, steigt es auf und sammelt sich in Kammern. Das sind unterirdische Becken aus flüssigem Gestein.

Das Innere eines Vulkans

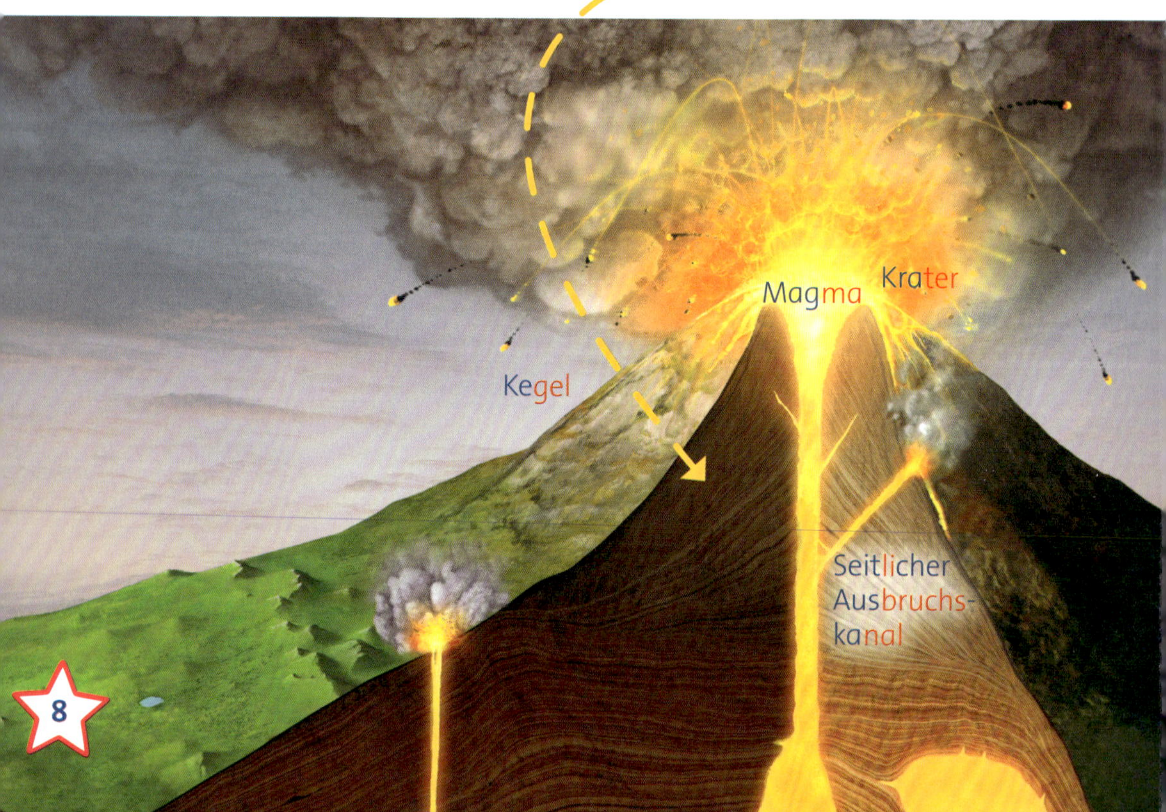

Dieser russische Vulkan stößt Asche und Dampf aus.

Wenn das Magma ausbricht, hat es eine lange Reise hinter sich. Sobald sich genug Magma angesammelt hat, steigt der Druck in der Kammer und das Magma bahnt sich schließlich seinen Weg an die Erdoberfläche.

Kochend heiße Lava bricht aus einem aktiven Vulkan.

Hast du schon einmal eine geschüttelte Flasche Mineralwasser geöffnet? So sieht in etwa ein Vulkanausbruch aus.

An der Oberfläche

Wenn Magma aus einem Vulkan an die Oberfläche gelangt, wird es Lava genannt. Es gibt verschiedene Formen von Lava. Manche **Eruptionen** produzieren dicke, zähflüssige Lava, die explosionsartig herausschießt. Bei schwächeren Eruptionen fließt Lava langsam in Strömen aus dem Vulkan.

Die Lavaströme eines Vulkans

Feste Lava sieht wie schwarzes Gestein aus.

Die heiße Lava fließt die Abhänge des Vulkans hinunter. Sie kann bis zu 50 km/h schnell sein und sehr weit fließen.
Wenn sich die Lava abkühlt, wird sie langsamer und letztlich auch fest.

Der längste Lavastrom ergoss sich vor 200 000 Jahren aus einem Vulkan in Undara, im Nordosten von Australien. Der Lavastrom erstreckte sich über eine Länge von 160 km.

Verschiedene Eruptionsarten

Vulkanausbrüche können eine Mischung aus Gasen, Lava und winzigen Gesteinsbrocken produzieren.

Die Art der Eruption hängt von verschiedenen Faktoren ab. Zum Beispiel, wie viel Magma sich gesammelt hat und ob sie Wasser enthält oder nicht.

Es gibt zwei Hauptarten von Ausbrüchen: Die explosive Eruption – wenn riesige Aschewolken aus dem Vulkan geschleudert werden und niederregnen. Und es gibt die **effusive** Eruption – wenn Lava langsam aus dem Vulkan herausfließt.

Der Vulkan-Explosivitäts-Index (VEI) ist eine Skala zur Angabe der Stärke eines Vulkanausbruchs.

Wissenschaftler haben Bezeichnungen für die unterschiedlichen Eruptionsarten. Sie werden meist nach den Orten benannt, an denen solche typischen Ausbrüche stattgefunden haben.

hawaiianisch

strombolianisch

vulkanianisch

plinianisch

peleanisch

‚surtseyanisch'

Auswirkungen einer Eruption

Vulkane können sehr gefährlich sein. Wenn sich rot glühende Asche und Lava mit Hunderten von Stundenkilometern einen Vulkan hinabwälzt, zerstört sie alles auf ihrem Weg. Beißender Dampf und giftige Gase steigen auf, die Menschen und Tiere, aber auch die gesamte Umgebung schädigen.

1997 machte Ascheregen mehr als die Hälfte der karibischen Insel Montserrat unbewohnbar.

1991 brach der Pinatubo auf den Philippinen aus. Die 15 Minuten dauernde Eruption schleuderte Asche 24 km hoch in die Luft.

Regen kann Asche in tödliche Schlammlawinen verwandeln. Flüsse füllen sich mit Steinen, Lava und Asche. Das führt zu Überflutungen und Erdrutschen. In Küstengebieten kann ein Vulkanausbruch einen **Tsunami** auslösen.

Wenn Städte von ihrer Umgebung abgeschnitten werden oder die Wasserversorgung und Ernte zerstört worden sind, können die Menschen krank werden oder verhungern.

Wo gibt es Vulkane?

Vulkane findet man überall auf der Welt. Die gefährlichsten Vulkane gibt es in bevölkerungsreichen Ländern wie Indonesien, Philippinen, Japan, Mexiko und Mittelamerika.

Der größte Vulkan der Welt ist der Mauna Loa in Hawaii. Er ragt 4 km über dem Meeresspiegel in den Himmel.

Die dunklen Flecke auf der Mondoberfläche sind mit Lava gefüllte Krater.

Auch auf anderen Planeten gibt es Vulkane! Sie haben das Aussehen des Merkurs, der Venus und des Mars mitgeprägt. Wissenschaftler haben sogar alte Lavaströme auf dem Mond entdeckt.

An den Rändern der tektonischen Platten treten aktive Vulkane häufiger auf als anderswo.

Island, wo zwei Platten auseinanderdriften, ist bekannt für vulkanische Aktivitäten. Es gibt auch viele Vulkane im Gebiet des Pazifiks, wo eine große Platte mit mehreren kleineren zusammenstößt. Die pazifische Insel Java in Indonesien hat 50 aktive Vulkane.

Fallbeispiel: Der Vesuv

Vor beinahe 2000 Jahren brach der Vulkan Vesuv in Italien aus. Alles begann mit einer riesigen Aschewolke, die in den Himmel stieg. Am nächsten Tag zerstörte ein Fluss aus rot glühender Lava, Asche und Gas die Städte Pompeji und Herculaneum. Vulkanische Asche und Gase töteten Tausende von Menschen.

Um 1600 wurden die beiden Städte wiederentdeckt. **Archäologen** haben dadurch herausgefunden, wie die Menschen der Antike gelebt haben.

Der Vesuv ist der einzige Vulkan auf dem europäischen Festland, der im vergangenen Jahrhundert ausgebrochen ist.

Archäologen entdeckten viele Gebrauchsgegenstände und Körper in Pompeji. Sie waren von der Vulkanasche seit Hunderten von Jahren konserviert. Man fand Skelette und Gegenstände in Form von Aschehohlräumen. Also füllten sie die Hohlräume mit Gips, um Abdrücke der Opfer herzustellen.

Heute klassifizieren Wissenschaftler den Ausbruch des Vesuvs als plinianisch/vulkanianische Eruption. Sie ist eine „5“ auf dem VEI.

Die Erforschung der Vulkane

Die wissenschaftliche Erforschung der Vulkane heißt „Vulkanologie“. Ein Wissenschaftler, der sich mit Vulkanologie beschäftigt, ist ein „Vulkanologe“. Er beobachtet, wie und wann Vulkane ausbrechen und welche Auswirkungen das auf die Menschen und die Umgebung hat.

Ein Vulkanologe in Schutzkleidung. Er birgt einen Klumpen Lava auf einem hawaiianischen Vulkan.

Wissenschaftler haben nur 1,6 km unter der Oberfläche der Antarktis aktive Vulkane entdeckt.

Vulkanologen nutzen **Satelliten** und Flugzeuge, um Vulkane zu überwachen. Sie messen die Temperatur der Lava und zeichnen Erdbeben rund um den Vulkan auf. Sogar die kleinste Veränderung der Umweltbedingungen kann auf einen Vulkanausbruch hinweisen.

Der griechische Philosoph Plato war einer der ersten Vulkanologen. Er beobachtete einen Ausbruch des Ätna in Italien schon vor 2000 Jahren.

Tödliche Vulkane

Die 10 tödlichsten bekannten Vulkanausbrüche

1	**Tambora** Indonesien	1815	92 000 Tote
2	**Krakatau** Indonesien	1883	36 417 Tote
3	**‚Montagne Pelée'** ‚Martinique'	1902	29 025 Tote
4	**‚Nevado del Ruiz'** Kolumbien	1985	25 000 Tote
5	**‚Unzen'** Japan	1792	14 300 Tote
6	**Laki-Krater** Island	1783	9 350 Tote
7	**Kelut** Indonesien	1882	5 110 Tote
8	**Galunggung** Indonesien	1882	4 011 Tote
9	**Vesuv** Italien	1631	3 500 Tote
10	**Vesuv** Italien	79	3 360 Tote

Worterklärungen

aktiv	ein Vulkan zeigt vulkanische Aktivität, wie z.B. Rauchschwaden, die aus dem Krater kommen
Archäologen	Menschen, die Kulturen der Vergangenheit studieren
Ausbruchskanäle	der Weg, den sich das Magma bahnt, wenn es an die Oberfläche steigt
effusiv	Lava ergießt sich langsam
Erdkern	das feste Innere der Erde
Erdmantel	die Schicht zwischen Erdkruste und Erdkern
erloschen	ein Vulkan hat über einen langen Zeitraum keine Aktivität mehr gezeigt
Eruption	Vulkanausbruch
inaktiv	ein Vulkan ist im Augenblick zwar nicht tätig, kann in der Zukunft aber wieder ausbrechen
kontinental	hier: auf dem Festland
Magma	flüssiges Gestein im Erdinneren
Muren	Schlammlawinen
Satelliten	Flugkörper in der Erdumlaufbahn
Substanz	Material
tektonische Platten	feste Platten, die Teile der Erdkruste bilden
Tsunami	eine Flutwelle

Stichwortverzeichnis